궁금해요, 세종대왕

하나부터

초판 1쇄 발행 2019년 7월 31일 | **초판 4쇄 발행** 2024년 11월 29일
글쓴이 안선모 | **그린이** 한용욱
사진 문화재청(훈민정음), 국립고궁박물관(자격루, 측우기, 편경, 앙부일구(표지)), 국립민속박물관(앙부일구)
펴낸이 홍석 | **이사** 홍성우 | **편집부장** 이정은 | **편집** 조유진
디자인 권영은, 김영주 | **외주디자인** 신영미 | **마케팅** 이송희, 김민경 | **제작** 홍보람 | **관리** 최우리, 정원경, 조영행
펴낸곳 도서출판 풀빛 | **등록** 1979년 3월 6일 제 2021-000055호
주소 서울특별시 강서구 양천로 583 우림블루나인 A동 21층 2110호
전화 02-363-5995(영업) 02-362-8900(편집) | **팩스** 070-4275-0445
전자우편 kids@pulbit.co.kr | **홈페이지** www.pulbit.co.kr
블로그 blog.naver.com/pulbitbooks | **인스타그램** instagram.com/pulbitkids

ISBN 979-11-6172-150-7 74990
       978-89-7474-499-1 (세트)

ⓒ 안선모, 한용욱 2019

*책값은 뒤표지에 표시되어 있습니다.   *파본이나 잘못된 책은 구입하신 곳에서 바꿔드립니다.

품명 아동 도서 **사용연령** 8세 이상
제조국 대한민국 **제조년월** 2024년 11월 29일
제조자명 도서출판 풀빛 **연락처** 02-363-5995
주소 서울특별시 강서구 양천로 583 우림블루나인 A동 21층 2110호
주의사항 종이에 베이거나 긁히지 않도록 조심하세요.
책 모서리가 날카로우니 던지거나 떨어뜨리지 마세요.
KC마크는 이 제품이 공통안전기준에 적합하였음을 의미합니다.

저학년 첫 역사 인물 ⑦

백성을 사랑하여 한글을 만든 조선의 왕

궁금해요, 세종 대왕

안선모 글 | 한용욱 그림

풀빛

작가의 말

세상에서 가장 멋진 임금, 세종 대왕

조선 4대 임금, 태종의 셋째 아들, 이름은 이도. 왕위에 오르기 전까지 충녕 대군이라 불렸고 지독한 책벌레였던 세종 대왕. 어떤 책이든 100번을 읽었다니 정말 놀랍지 않나요?

여러분은 세종 대왕을 떠올리면 어떤 생각이 나나요? 저는 세종 대왕을 생각하면 입가에 미소가 절로 떠올라요. 어떤 임금님이었기에 생각하는 것만으로도 미소가 떠오를까요? 자신의 편안함과 이익을 생각하기보다는 온통 백성과 나라 생각뿐이었던 임금님. 늘 배우고 연구하느라 손에서 책을 놓지 않았던 임금님. 어려운 한자를 몰라 불편을 겪는 백성들을 위해 밤낮으로 글자를 만드느라 눈병까지 났던 임금님. 과학에도 음악에도 뛰어난 안목을 가졌던 임금님. 아무리 생각해도 정말 완벽한 임금님이었어요.

그런 임금님이 우리나라 임금님이었다니 정말 행복해요. 그런 임금님이 만들었던 여러 가지 과학 기구들과 악기 그리고 평생 쌓아 오신 위대한 업적들을 지금도 만나 볼 수 있어서 정말 기뻐요.

저에게 가장 좋은 건 한글이에요. 한글이 있어서 생각을 마음껏 표현할 수 있고 책도 만들어 낼 수 있으니 이게 바로 세종 대왕이 주신 최고의 선물 아닐까요?

만약에, 만약에 말이에요, 세종 대왕이 안 계셨다면 백성들은 어떻게 살았을까요? 우리 한번 상상해 보아요.

백성들은 어려운 한자 때문에 골머리를 앓고 있겠죠. 글을 몰라 엄청 손해도 보았을 거예요. 또 과학 기구들이 발명되지 않아 불편한 점이 많았을 거예요.

자나 깨나 백성 생각으로 나라를 다스린 세종 대왕 덕분에 오랜 세월이 흐른 지금, 우리는 많이 편안하고 많이 행복해요.

어린이 여러분!

세종 대왕의 일생을 살펴보면서 그분의 생각과 행동을 알아보아요.

또 어떤 점을 본받고 싶은지도 생각해 보아요.

그러다 보면 마음의 키가 쑥쑥 자랄 거예요.

안선모

차례

작가의 말	4
책벌레 왕자	8
왕위에 오르다	18
첫 번째 임금 수업	28
집현전을 설치하다	38
훌륭한 신하	48

박연과의 만남	56
과학 기구의 발명	64
조선의 국경	74
백성을 위해 만든 훈민정음	82
자나 깨나 나라 생각	98
부록 세종대왕의 위대한 업적	102

 책벌레 왕자

왕자 도가 아프다는 소식에 맏형 양녕 대군이 병문안을 왔습니다. 자리에 누운 채 책을 읽고 있던 왕자 도가 벌떡 일어났습니다.
"일어날 필요 없다. 그대로 누워 있어라."

"아닙니다, 형님. 세자에 책봉되신 것을 다시 한번 축하드리옵니다."

여덟 살 왕자 도의 말에 양녕 대군이 활짝 웃었습니다. 세 살 아래 동생이지만 도는 무척 의젓하고 생각이 깊었습니다. 그런 도를 할아버지 태조와 아버지 태종도 무척 대견스럽게 생각하였습니다.

아버지 태종은 일찌감치 양녕 대군을 세자로 책봉했습니다. 맏아들로 후계자를 미리 정해 놓아 왕권 다툼이 일어나지 않게 하려는 뜻이었습니다. 아버지 태종은 왕자의 난을 두 차례나 치르면서 왕이 되었습니다.

그때 많은 사람들이 죽었기 때문에 태종은 다시는 왕위 쟁탈전이 일어나지 않기를 간절히 바랐습니다.

양녕 대군은 도가 읽다 내려놓은 책을 유심히 바라보았습니다.

"지난번에도 그 책을 읽는 것을 보았는데 아직도 다 못 읽은 게냐?"

"아닙니다. 오늘 100번째 읽는 중입니다."

"뭐라고? 100번째?"

양녕 대군은 너무 놀라 눈을 크게 떴습니다.

"아우야, 너는 같은 책을 계속 읽는 게 지겹지도 않느냐?"

"책 속에 담긴 뜻은 읽을 때마다 그 맛이 다릅니다. 또 읽으면 읽을수록 이해도 깊어지고요."

"그래? 그렇다면 100번을 읽었는데도 그 뜻이 잘 이해가 되지 않을 때는 어떻게 하지?"

그러자 도가 망설이지 않고 대답했습니다.

"다시 100번을 더 읽습니다."

양녕 대군은 아우의 말에 깜짝 놀라 고개를 설레설레 저었습니다.

"나는 책을 읽으면 온몸이 근질거리는데 너는 참 신기하구나."

양녕 대군은 도가 그동안 읽은 책들을 보고 깜짝 놀랐습니다. 자신도 읽기 어려운 수준 높은 책들이 잔뜩 쌓여 있었습니다.

왕자 도는 무슨 책이든 100번을 읽고 나서야 다른 책으로 눈을 돌렸습니다. 그러다 보니 자주 병이 났습니다. 병이 나도 공부를 쉬지 않아 병이 더욱 심해지곤 했습니다.

그러던 어느 날, 보다 못한 아버지 태종이 급히 명을 내렸습니다.

"지금 당장 왕자 도의 방에 있는 책을 모조리 거두어 오시오!"

"전하, 책을 거두어 오라니요?"

"왕자 도가 병석에서도 책을 놓지 않고 있다고 하오. 글공부도 좋지만 그러다 건강이 더 나빠지면 큰일 아니겠소."

명을 받은 승지(왕명을 받드는 벼슬)는 서둘러 왕자가 거처하는 곳으로 갔습니다. 승지는 방 안 이곳저곳을 샅샅이 뒤져 책을 거두기 시작했습니다.

"이게 도대체 무슨 일이오? 다짜고짜 책을 왜 거둬 가는 것이오?"

창백한 모습으로 병석에 누워 있던 왕자가 놀라 물었습니다.

"어명이옵니다."

왕자 도는 난데없이 들이닥친 승지의 행동에 당황했습니다.

'이거 큰일 났네, 어쩌면 좋지?'

왕자 도는 가까스로 기운을 차려 자리에서 일어났습니다.

'아무리 아바마마의 명이라지만, 이대로 가만히 있을 수는 없어.'

승지가 주섬주섬 책을 챙기는 사이, 왕자는 재빨리 병풍 뒤에 책 한 권을 숨겼습니다.

잠시 후, 승지가 책을 모두 싸 들고 돌아갔습니다. 왕자는 빙그레 웃으며 병풍 뒤에 숨겨 두었던 책을 꺼내 들었습니다.

"휴, 이 책 한 권이라도 남아 있으니 얼마나 다행인가."

왕자는 숨겨 놓은 그 책을 읽고 또 읽었습니다.

열두 살이 되자 왕자 도는 임금으로부터 충녕군이라는 왕자로서의 봉호를 받았습니다. 그해 5월에 할아버지 태조가 돌아가셨습니다. 할아버지 태조는 아버지 태종을 달갑게 여기지 않았지만 손자인 충녕군은 무척 아꼈습니다. 충녕군 또한 위대한 태조 할아버지를 높이 받들어 존경하고 우러러보았습니다. 그래서 할아버지를 잃은 슬픔이 그 누구보다도 컸습니다.

충녕군이 열네 살이 되었을 때 활자를 만드는 관청인 주자소에서 구리 활자로 책을 찍어 펴냈습니다.

"이제부터 책을 더 많이 볼 수 있겠구나."

충녕군은 이 소식을 듣고 무척 기뻐했습니다.

태종 12년(1412년)에는 경복궁 안에 큰 연못과 함께 우아한 경회루가 세워졌습니다. 열여섯 살 충녕군은 시간이 날 때마다 그곳으로

나갔습니다. 꽃그늘에 앉아 새소리를 들으며 책을 읽고, 시를 읊기도 했습니다. 그해 6월, 충녕군은 봉호가 높아져 충녕 대군이 되었습니다.

왕위에 오르다

양녕 대군은 열한 살에 세자로 책봉되었습니다. 나이는 어렸지만 유달리 총명하였습니다. 하지만 점점 크면서 공부는 멀리하고 사냥과 노는 것에 푹 빠졌습니다.

"전하, 세자께서 공부할 시간에 또 사냥을 나가셨습니다."

"전하, 세자께서 궁궐을 빠져나가 밤늦게까지 술을 드셨습니다."

신하들의 입에서 쏟아지는 이야기에 태종은 눈앞이 캄캄했습니다.

"세자가 저 모양이니 이 일을 어찌할꼬!"

태종은 양녕 대군을 불러 크게 꾸짖었습니다.

"떠도는 소문이 사실이더냐? 글공부는 내팽개치고 궐 밖에 나가 술이나 마시다니! 그런 행실을 일삼으면서 장차 어찌 이 나라의 임금이 될 수 있겠느냐?"

그러나 양녕 대군의 행동은 전혀 변하지 않았습니다. 여전히 공부는 하지 않고 사냥과 술을 즐겼습니다.

그러던 중 신하들로부터 세자를 바꿔야 한다는 상소가 올라왔습니다. 태종은 한숨을 푹 내쉬었습니다.

'이제 어쩔 수 없다. 신하들의 의견을 받아들일 수밖에. 그렇다면 양녕 대신에 누구를 세자에 앉혀야 할까?'

태종의 머릿속에 셋째인 충녕 대군이 떠올랐습니다. 마음 같아서는 셋째 충녕을 세자로 세우고 싶었습니다. 하지만 맏아들을 세자로 세워야 한다는 법을 쉽게 거역할 수는 없었습니다.

이튿날 신하들과 만난 자리에서 태종은 무겁게 입을 열었습니다.

"세자의 행실이 차마 눈 뜨고 못 볼 지경에 이르렀소. 그러니 장차 이 나라를 어찌 맡긴단 말이오. 양녕에게는 아들이 셋이 있소. 나는 양녕의 큰아들을 세손으로 앉히려고 하오."

그러자 신하들이 입을 모아 말했습니다.

"그 방법보다는 왕자들 중에서 어진 분을 골라 세자로 세우는 것이 어떨지요?"

"어진 사람이라? 그렇다면 누가 적합하다고 생각하오?"

태종의 말이 끝나자 기다렸다는 듯이 신하들이 말했습니다.

"충녕 대군이 가장 적합하옵니다."

이 말을 들은 태종의 얼굴에 미소가 떠올랐습니다.

"사실 충녕만큼 책을 좋아하고 어진 마음을 가진 사람은 없지. 밤을 새워 책을 읽으니 정치에 대한 생각도 깊을 것이고."

그때, 이조 판서인 황희가 앞으로 나섰습니다.

"한 나라의 세자를 그렇게 쉽게 바꾸다니요? 세자를 바꾸는 것은 좋지 않습니다."

그 말을 들은 신하들이 황희의 말에 반대를 하고 나섰습니다.

"세자의 행동이 도를 넘었는데도 그런 이야기를 하시는 거요? 충녕 대군께서는 세자로서 부족함이 하나도 없습니다."

결국 양녕 대군은 세자가 된 지 14년 만에 세자 자리를 내놓고 귀양을 갔습니다. 충격을 받은 둘째 효령 대군은 머리를 깎고 스님이 되었습니다.

아버지 태종은 충녕 대군을 불러 앉히고 지난날을 얘기했습니다.

"나는 조선을 세우는 과정에서 큰 공을 많이 세웠다. 그런데 아버지 태조께서 왕의 자리를 다른 이복형제에게 물려주려 했지. 그래서 '왕자의 난'을 일으켜 다른 형제들을 죽이고 왕실에서 내쫓았다. 그리고 형인 정종을 왕으로 삼았다가 얼마 후에는 내가 왕이 되었지. 여러 형제와의 싸움 끝에 왕이 되었기에 내 자식들은 피를 흘리며 왕위를 두고 다투는 것을 원치 않았다. 그래서 양녕 대군을 일찌감

치 세자로 정했던 것인데 이렇게 나를 실망시킬 줄 몰랐구나."

그러면서 태종은 충녕 대군의 두 손을 맞잡았습니다.

"충녕, 나와 신하들은 모두 너를 세자감으로 점찍었다. 너는 세자가 될 충분한 자격이 있다."

태종은 1418년 6월에 셋째 아들인 충녕 대군을 세자로 삼았습니다. 충녕 대군의 나이 스물둘이었습니다.

그렇게 하고 나서도 태종은 걱정이 많았습니다.

'충녕이 책을 많이 읽고 공부도 열심히 하였지만 세자로서의 수업을 충분히 받지 못했다.'

태종은 오랜 고민 끝에 한 가지 결정을 내렸습니다.

'충녕에게 왕위를 물려주고 내가 지켜보면서 임금으로서 갖추어야 할 교육을 찬찬히 시키면 되겠지.'

태종은 경회루에 나가 자신의 결심을 선포했습니다.

"왕위에 오른 지 어언 18년이 흘렀소이다. 이제 왕위를 세자에게 넘기고 나는 물러나겠소이다."

그리하여 충녕 대군은 세자가 된 지 두 달 만에 왕위에 올랐습니다. 즉위식이 끝나자 태종은 신하들에게 말했습니다.

"임금이 서른이 될 때까지 군사 문제는 내가 직접 결정할 것이오."

태종은 세종에게 철저하게 임금 수업을 시키리라 마음먹었습니다.

세종은 자신의 성품대로 서두르지 않고 차분하게 나라를 다스렸습니다. 날마다 일찍 일어나 세수를 하고 옷을 갖춰 입은 다음, 책을 읽었습니다. 그리고 아침이면 조정의 여러 신하가 참석하는 조회를 열고 나라의 중요한 일을 의논했습니다.

그러는 중에도 세종은 큰형님 생각으로 마음이 불편했습니다. 세종은 태종에게 간청했습니다.

"아바마마, 양녕 형님은 지난날의 잘못을 깊이 뉘우치고 있으니 이제 용서하여 주시옵소서."

양녕 대군은 귀양살이에서 풀려났고 세종은 기회가 있을 때마다 양녕 대군을 찾아가 이야기를 나누며 위로했습니다.

 첫 번째 임금 수업

아버지 태종은 세종을 바라보며 중얼거렸습니다.
'학식도 뛰어나고, 현명하기도 하고 임금으로서 갖추어야 할 조건을 모두 갖추었다. 그런데 딱 한 가지 부족한 게 있어.'

세종은 어렸을 때부터 책 읽기는 좋아했지만 말타기나 활쏘기 같은 운동은 싫어했습니다.

"나처럼 전쟁터에 나가 본 경험도 없고 군사 상식도 부족하고…. 군사를 잘 지휘할지 그게 걱정이구나."

세종이 임금 자리에 오른 다음 해 5월이었습니다. 세종은 태종과 함께 황해도 평산에 온천욕을 갔다가 돌아오는 중이었습니다. 기분 좋은 나들이에 태종과 세종은 환하게 웃었습니다.

궁궐에 거의 도착했을 즈음, 군사 한 명이 황급하게 달려왔습니다.

"전하, 큰일 났사옵니다. 왜구들이 몰려와 황해도 해주와 충청도 비인을 공격하여 병선을 불태우고 닥치는 대로 사람을 죽이고 못된 짓을 하고 있다고 하옵니다."

보고를 받은 태종은 화가 나서 소리쳤습니다.

"뭐라고? 황해도 해주에 왜구가 나타났다고? 우리가 온천에서 출발하는 날짜를 조금만 늦추었으면 왜구들의 공격을 받을 수도 있었겠군."

태종은 궁궐로 돌아오자마자 황급히 신하들을 불러 회의를 열었습니다.

"왜구들의 못된 짓이 점점 심해지고 있소. 어째서 이 같은 일이 반복되고 있는 것이오?"

태종의 말에 좌의정이 나서며 대답했습니다.

"왜적들이 날뛰는 것은 먹을 것이 없기 때문입니다. 그들에게 양식을 주어서 달래는 한편, 우리 수비를 더욱 굳건히 할 필요가 있습니다."

"그렇다면 이번에 쳐들어온 왜구를 어떻게 혼내줄지 방법을 말해 보시오."

신하들은 저마다 의견을 내놓았습니다.

"황해도 해주와 충청도 비인에 군사를 보내는 게 어떨지요."

"전함을 보내는 것이 좋을 듯합니다."

그때 듣고만 있던 세종이 조심스럽게 의견을 내놓았습니다.

"해전에 능숙한 왜구와 바다에서 싸우는 건 불리합니다. 그러니 전함을 없애고 육군을 강화하는 것이 어떨지요?"

세종의 말에 태종이 고개를 설레설레 흔들었습니다. 그러자 기다렸다는 듯 신하들이 한마디씩 했습니다.

"전함을 없애는 건 말도 안 되는 소리입니다."

"왜구를 물리치려면 전함을 더 많이 만들어야 합니다."

세종은 자신의 의견이 괜찮다고 생각했습니다. 그래서 신하들을 설득하려고 또다시 말했습니다.

"전함을 만들려면 시간과 돈이 많이 필요하지 않습니까? 그러니 육군을 강화하는 것이…."

세종의 말이 끝나기도 전에 이종무가 벌떡 일어서서 말했습니다.

"전하, 우리나라는 삼면이 바다에 접해 있으니 전함이 없어서는 안 됩니다. 만약 전함이 없다면 바다로 쳐들어오는 적을 어찌 막을 수 있겠습니까? 전함이 없다면 백성들은 불안에 떨며 하루하루를 보낼 것입니다."

이종무의 말에 신하들이 고개를 끄덕였습니다.

"과연 전함이 왜구들에게서 우리 백성을 지켜 줄 수 있을까요?"

세종은 자신의 의견을 쉽게 포기하지 않았습니다. 하지만 세종의 의견에 찬성하는 신하는 한 명도 없었습니다. 태종은 그때까지도 가만히 지켜보고 있었습니다.

잠시 후, 세종은 고개를 끄덕이며 말했습니다.

"내 생각이 짧았구려. 나랏일은 나 혼자 결정하는 것이 아니란 것을 잠깐 잊었소."

이번에는 병조 판서가 의견을 내놓았습니다.

"보다 근본적인 대책이 필요하옵니다. 이번 기회에 왜적의 본거지인 대마도를 쳐서 뿌리를 뽑아야 합니다."

세종은 눈을 동그랗게 뜨고 물었습니다.

"왜구들은 지금 황해도와 충청도에 있는데 대마도로 쳐들어간다고요?"

세종은 말도 안 된다는 듯이 눈을 동그랗게 떴습니다.

그때 잠자코 듣고만 있던 태종이 자리에서 벌떡 일어났습니다.

"긴말 할 것 없다. 당장 대마도 정벌을 준비하라."

태종의 목소리는 자신에 차 있었습니다.

"황해도 해주를 공격한 왜선들이 아직 대마도로 돌아오기 전이다. 그러니 지금 대마도는 수비가 허술할 것이다. 이 틈을 타서 쳐들어가는 것이 좋을 것이다. 대마도를 정벌하여 왜구들의 가족을 인질로 붙잡아 오면, 가족들을 찾으러 왜구들이 올 것이다. 그때 그들을 한꺼번에 물리치도록 하라."

태종의 말을 듣고 그때서야 세종은 고개를 끄덕였습니다.

태종은 이종무를 대마도 정벌군의 총지휘관으로 임명했습니다. 이종무 장군은 수많은 병사와 배를 이끌고 대마도 정벌에 나섰습니다. 그리고 얼마 지나지 않아 대마도 도주로부터 항복을 받아냈습니다. 이 소식을 들은 세종은 하늘을 날듯이 기뻤습니다.

"적과의 싸움에서는 철저한 작전이 필요하구나."

세종은 아버지 태종에게 기쁜 마음으로 말했습니다.

"아바마마께 대마도 정벌을 통하여 군사권을 행사하는 방법과 전쟁에서 승리하는 전략을 배웠습니다. 특히 장군들을 다스리는 통솔력은 정말 대단하셨습니다."

대마도를 정벌한 다음에도 왜구들이 노략질을 멈추지 않자, 세종은 신하들에게 명했습니다.

"그들에게 무역을 허락하여 식량과 생필품을 구할 수 있게 해 주시오."

"전하, 우리 백성을 죽인 놈들입니다. 그렇게 해 줄 필요가 없습니다."

"모르는 소리 마오. 살기가 팍팍하니까 노략질을 하는 것이지요. 그러니 좀 더 너그럽게 대해 줍시다."

세종의 깊은 뜻에 신하들은 고개를 숙였습니다.

 집현전을 설치하다

'나에게 필요한 것은 젊고 참신한 인재들이다. 그런 인재들을 키우려면 어떻게 해야 할까?'

세종은 깊은 고민에 빠졌습니다. 조선 초기에는 고려를 지지했던 많은 학자들이 조선에 협력하기를 거부하고 시골에 숨어 살았습니다. 그렇기 때문에 인재가 부족했습니다.

'독서가 얼마나 중요한가? 독서를 많이 한 학자들은 서로의 의견을 말하고 토론하여 국가에 도움을 주는 정책을 만들 수 있다.'

 세종은 집현전을 부활시키기로 마음먹었습니다. 집현전은 고려 때 처음 설치되었다가 폐지되었습니다. 그 후 조선 2대 임금인 정종 때 다시 설치되었지만 거의 활동을 하지 않았습니다.
 "학문을 깊이 연구할 수 있는 젊은 학자 열 명만 있으면 집현전의 기능이 살아날 것이다. 그러니 집현전 학사를 선발하도록 하라."
 세종은 학사들이 선발되기를 손꼽아 기다렸습니다. 하지만 열 달이 지나도 아무 소식이 없었습니다.

"학사들 선발은 어떻게 되었는가?"

"다른 급한 일을 처리하느라 아직 선발하지 못한 줄로 아뢰옵니다."

신하들의 말에 세종은 화가 단단히 났습니다.

"아니, 학사 선발보다 중요한 일이 어디 있다고!"

그러면서 세종은 보고 있던 업무를 중단하고 신하들에게 말했습니다.

"지금 하던 일은 나중에 해야겠소. 집현전 설치를 의논하고 학사를 선발해 달라고 말한 것이 언제인데 아직까지 아무 일도 안 하다

니! 당장 젊고 재능 있는 선비 10여 명을 선발하시오."

 세종의 불호령에 신하들의 등줄기에 땀이 흘러내렸습니다. 세종은 업무를 보다가 다음으로 미룬 적이 한번도 없었습니다. 그러니까 그만큼 화가 많이 났다는 뜻이었습니다. 그리고 나서 석 달 후, 드디어 젊은 학자 열 명이 선발되었습니다.

 집현전 학사들은 각종 서적을 간행하고 보관하였으며, 세종이 새로운 정책을 펼 때마다 그와 관련된 질문에 답했습니다. 세종의 질문에 체계적이고 논리적인 대답을 해야 했기 때문에 집현전 학사들은 잠자는 시간을 줄여 가며 밤늦도록 공부했습니다.

또 옛 문헌에 나오는 각종 사례와 자료를 찾기 위해 밤을 꼬박 새우는 적도 많았습니다.
　어느 해 몹시 추운 겨울이었습니다. 세종은 밤늦도록 책을 보고 있었습니다. 문득 집현전 학사들이 생각났습니다. 이전에도 세종은 가끔 집현전에 밤참을 보내기도 하고, 필요한 것이 없나 살펴보곤 했습니다.

"집현전 학사들이 어떻게 지내고 있나 궁금하구나. 오늘은 직접 가 보겠다."

세종은 새벽 두 시쯤 일어나 내관 한 사람을 데리고 밖으로 나왔습니다. 매서운 칼바람이 불었습니다. 집현전 앞에 다다르자, 밤늦도록 불이 켜져 있는 방이 눈에 띄었습니다.

'이 깊은 밤에 어느 학사가 저토록 열심히 학문 연구를 하고 있을까?'

세종은 흐뭇한 마음으로 가까이 다가가 살짝 문을 열어 보았습니다. 한 집현전 학사가 책상 앞에 엎드려 잠들어 있었습니다. 내관이 다가가 학사를 깨우려고 하자 세종이 고개를 흔들었습니다.

"깨우지 말라. 아침까지 곤히 자도록 놔두어라. 그리고 날씨가 추우니 이 옷을 덮어 주어라."

세종은 자신의 웃옷을 내관에게 건네고 내전으로 다시 돌아왔습니다.

"그 학사의 이름이 무엇이더냐?"

"예, 신숙주라고 하는 학사이옵니다."

"나랏일을 내 일처럼 여겨, 밤낮을 가리지 않고 일하느라 몹시 피곤했던 모양이구나."

"전하, 이제 그만 잠자리에 드시지요. 날마다 이렇게 늦게까지 계시다 병이라도 나시면…."

다음 날 아침, 잠에서 깬 신숙주는 어깨에 걸쳐 있는 웃옷을 발견하였습니다.

"아니, 이것은 전하의 옷이 아닌가. 내가 잠든 사이에 전하께서 다녀가셨구나."

신숙주는 감격에 젖어 세종이 계신 곳을 향하여 큰절을 올렸습니다.

"전하께서는 밤늦도록 연구하고 계신데 나는 졸음을 참지 못하고 잠이 들었으니…. 이렇게 불충한 일이 어디에 있단 말인가."

이후 신숙주는 더욱더 학문 연구에 열중하였습니다.

세종은 집현전 학사들에게는 일반 관리들과 다른 여러 가지 특권을 주었습니다.

"집현전 학사들은 이리저리 옮겨 다니지 않고 집현전에서 계속 일하도록 하라. 또한 집에서도 학문에 몰두할 수 있도록 특별 휴가를 주어라."

세종은 집현전 학사들과 자주 만나 학문을 논의하고 함께 책을 읽으면서 가까이 지냈습니다.

"집현전 학사들은 얼마나 좋을까? 전하께서 극진하게 보살펴 주니 말이야."

벼슬이 높은 조정 대신들도 학사들을 부러운 눈으로 바라보았습니다.

"나는 집현전 학사가 되는 게 소원이야."

"나도 열심히 공부하면 집현전 학사가 될 수 있을까?"

나라 안의 선비들은 모이기만 하면 집현전 얘기를 했습니다.

 훌륭한 신하

세종은 아침 조회에 나온 신하들에게 질문을 던졌습니다.
"도천법을 기억하시오?"
느닷없는 세종의 질문에 신하들이 웅성거렸습니다. 도천법을 못마땅하게 생각하는 신하들이 많았기 때문이었습니다.
그때 한 신하가 큰 소리로 자신 있게 대답했습니다.
"도천법은 양반이든 종이든 신분이 높고 낮은 것을 따지지 않고, 재주가 있는 사람이라면 나라의 일꾼으로 쓰는 법을 말하는 것입니다."

세종이 흐뭇한 얼굴로 신하를 바라보며 말했습니다.

"그렇다면 도천법을 건의한 사람이 누구인지 기억하시겠구려."

신하들이 또다시 웅성거렸습니다. 이번에는 세종이 무슨 이유로 그러는지 짐작했기 때문이었습니다.

"귀양에서 풀려난 황희를 불러들일 것이오."

"그건 안 됩니다!"

신하들이 입을 모아 말했습니다.

"황희는 주상(임금)께서 세자로 책봉되실 때 앞장서서 반대했던 사람입니다."

"그런 사람에게 벼슬을 주시다니요? 주상께서는 그날의 일을 잊으셨습니까?"

신하들의 말에 세종은 진지한 얼굴로 말했습니다.

"그날 일을 어찌 잊었겠소? 하지만 그런 하찮은 일에 얽매여

 훌륭한 신하를 놓쳐서는 안 된다고 생각하오. 황희는 나라에 꼭 필요한 사람이오. 그러니 내 뜻에 따라 주기 바라오."

 신하들은 세종의 말에 아무 대꾸도 하지 못했습니다. 개인적인 감정보다는 나라를 먼저 생각하는 세종의 큰 뜻을 알았기 때문이었습니다.

 황희를 불러들이기로 결정하자, 아버지 태종의 생각이 간절하게 났습니다.

 "아바마마가 돌아가신 지 벌써 1년이 지났구나."

아버지 태종은 살아생전 귀양 간 황희 얘기를 자주 했습니다.

"황희를 하루라도 보지 못하면 일이 손에 잡히지 않았지. 나라에 공을 세운 신하들은 많지만 어디에서도 황희 같은 인물은 찾기 어려울 것이다."

그러자 세종의 머릿속에 아버지 태종과의 즐거웠던 일이 하나둘 떠올랐습니다.

"책만 읽고 운동을 하지 않으니 건강이 염려되는구나."

그러면서 태종은 세종을 데리고 궁 밖으로 놀이를 가곤 했습니다.

"날카롭게 먹이를 낚아채는 저 매를 보아라. 저 매의 민첩함과 영리함을 배워야 한다."

태종은 부드러운 미소를 띠며 세종을 바라보았습니다.

어느 날은 씨름을 하는 백성들을 구경하러 한강 쪽으로 간 적도 있었습니다.

"허허허! 저기 활기차고 신이 난 백성들이 내 눈에는 참으로 어여쁘게 보이는구나."

태종은 호탕하게 웃음 지으며 백성들의 모습을 하나하나 살펴보았습니다.

그런 태종은 세종과 함께 매사냥을 구경하고 돌아온 어느 날, 기운을 잃고 몸져누웠습니다. 몸져누운 지 19일이 지난 날, 태종은 56세의 나이로 하늘나라로 떠났습니다. 그날 일을 생각하자 세종은 가슴이 찢어질 듯 아팠습니다.

"전하, 강원도에서 소식이 올라왔습니다."

신하의 보고에 세종은 퍼뜩 생각에서 깨어났습니다.

"요즘 비가 내리지 않아 강원도 백성들의 고통이 이만저만이 아니라고 하옵니다."

세종은 당장 황희를 불러들였습니다.

"그대가 강원도로 내려가 문제를 해결해 주었으면 하오."

세종은 환갑이 다 된 황희를 강원도로 보내기가 마음 아팠지만 황희가 그 일을 잘 해낼 것이라 믿었습니다.

강원도 관찰사가 된 황희는 다음 날, 강원도로 급히 내려갔습니다. 가 보니 생각보다 훨씬 가뭄이 심했습니다. 굶어 죽어 가는 사람들이 눈에 많이 띄었습니다.
"관청의 곡식 창고를 열어 굶주리는 사람들에게 나눠 주도록 하라."
관리들이 곡식 창고를 열었습

니다. 하지만 창고 안에는 아무것도 없었습니다.

"아니, 이게 어떻게 된 것이냐? 분명 장부에는 만일을 대비해 모아 놓은 곡식이 수백 석이라고 적혀 있는데."

황희는 곧바로 조사를 시작했습니다. 알고 보니 못된 중간 관리들이 거짓으로 장부를 작성하고 곡식을 모두 빼돌린 것이었습니다.

황희는 세종에게 편지를 보냈습니다.

"전하, 다른 지역의 곡식을 이곳으로 보내 주시옵소서."

황희는 백성들이 내는 세금을 대폭 줄여 주고 방을 붙였습니다.

"굶주리는 백성들을 많이 구제한 관리에게 상을 내리겠다."

그러자 지방 관리들이 너도나도 나서서 굶주리는 백성을 도왔습니다. 마침내 강원도의 가뭄은 위기를 넘기고 백성들은 굶주림에서 벗어나게 되었습니다.

"역시 황희는 현명하고 능력 있는 신하야."

세종은 황희를 다시 중앙으로 불러들여 우의정에 임명했습니다.

55

🌿 박연과의 만남

종묘 제사 때였습니다. 세종은 악공들의 아악 연주를 듣고 난 후 한숨을 푹 내쉬었습니다.

"음악은 그 나라의 문화와 풍속을 나타내는 것이라고 했다. 그런데 어찌 음악 소리가 이토록 거칠고 경박한가?"

 원인은 바로 악공들이 사용하는 악기 때문이었습니다. 악기는 대부분 중국에서 들여왔습니다. 게다가 오래되고 낡아서 제대로 소리를 내지 못했습니다.
 "어쩌다 우리나라 음악이 이렇게 되었을까? 답답하고 안타깝구나."
 어느 날, 세종은 박연을 궁궐로 불러들였습니다. 음악에 대한 이야기를 나누고 싶어서였습니다.
 "예부터 음악은 하늘과 땅을 잘 어울리게 하는 것이라 하였지요."

세종이 먼저 말을 꺼냈습니다.

"그렇습니다. 음악은 모든 사람의 마음을 하나로 묶어 주는 신비한 힘이 있사옵니다."

"그런데 버젓이 우리 음악이 있는데 중국 음악을 쓰고 있으니 듣기 거북할 때가 종종 있소이다."

"그건 중국에서 들여온 악기로 연주를 하기 때문입니다."

"우리나라에는 고유의 음악이 없었던가요?"

"우리 백성은 본래 음악을 즐기는 민족입니다. 단군 시절부터 음악이 발달했지요. 삼국 시대에는 왕산악과 우륵 같은 위대한 음악가를 내려 주시어 음악이 크게 번성하였습니다. 특히 고려 때 팔관회 같은 행사에는 악공 3천여 명이 한자리에서 음악을 연주했다는 기록이 있사옵니다."

박연의 유창한 설명에 세종은 계속 고개를 끄덕였습니다.

"그런데 어찌하여 지금은 이 지경이 되었단 말이오?"

세종의 물음에 박연이 한숨을 내쉬었습니다.

"몽고의 침략과 왜구의 끊임없는 노략질에 유능한 악공들이 붙잡혀 가거나 뿔뿔이 흩어졌습니다. 또 악기와 음악에 관련된 책들이 부서지거나 불에 타고 말았습니다. 바로 이러한 이유들 때문입니다."

세종은 박연에게 명했습니다.

"나는 우리나라 음악에 관심이 많소. 앞으로 우리나라의 옛 음악을 다시 살리고 싶소. 그러니 우리 악기를 만들어 보시오."

그때부터 박연은 우리 음에 맞는 악기 재료인 경돌을 구하기 위해 온 나라를 헤매고 다녔습니다. 세종은 박연이 마음 놓고 일할 수 있도록 악학별좌라는 벼슬자리를 주었습니다. 마침내 경돌을 구한 박연은 맑고 고운 소리가 나는 편경을 만들어 냈습니다.

어느 날, 신하들이 모두 모인 자리에서 처음으로 박연이 완성한 아악을 연주하였습니다. 특히 박연이 만든 편경에서는 맑고 청아한 소리가 났습니다.

세종은 지그시 눈을 감고 음악을 감상했습니다.

연주가 모두 끝나자 세종은 박연을 크게 칭찬했습니다.

"바로 이 소리로다! 듣는 이의 마음을 편안하게 해 주는구려. 이제야 우리는 중국 음악의 그늘에서 벗어날 수 있게 되었소이다."

"이 모든 것은 전하께서 저를 믿고 기다려 주신 덕분입니다."
박연의 얼굴은 기쁨으로 가득 차 있었습니다.
"그런데 말이오, 내 귀에는 편경의 음 하나가 높게 들렸소."
세종의 말에 박연은 깜짝 놀랐습니다. 하지만 속으로 생각했습니다.
'내 귀에는 모두 바르게 들렸는데 전하의 귀에 음 하나가 높게 들렸다고? 그건 있을 수 없는 일이야. 그럴 리가 없어!'
그 후에 박연은 편경을 하나하나 꼼꼼히 살펴보았습니다.

"아!"

박연은 외마디 소리를 냈습니다. 여섯 개의 경돌 중 하나의 경돌에 먹이 그대로 남아 있었습니다. 편경을 만들 때 돌을 깎아 내기 위하여 표시해 둔 먹이었는데 조금 덜 깎아 내어 먹 자국이 가늘게 남아 있었습니다. 박연은 그 먹을 갈아 내고 편경을 쳐 보았습니다. 그랬더니 소리가 바르게 났습니다.

"아!"

박연은 또다시 외마디 소리를 냈습니다. 세종의 귀가 정확했던 것이었습니다.

 과학 기구의 발명

'내 나이 서른, 임금 자리에 앉은 지도 8년이 되었구나. 과학 기구를 만들어야 백성들 생활이 조금 더 나아질 텐데….'

그러던 중, 세종은 동래에서 올라온 장영실의 이야기를 들었습니다. 태종 때 이미 장영실은 재주를 인정받아 공조라는 관청에서 물건 만드는 일을 하고 있었습니다.

"그대가 바로 무엇이든 잘 만들어 낸다는 장영실인가? 나라를 위해 백성을 위해 솜씨를 아낌없이 발휘해 보거라."

세종의 말에 장영실은 머리를 조아리며 말했습니다.

"전하의 하늘같은 은혜에 꼭 보답을 하겠습니다."

세종은 장영실에게 상의원 별좌라는 벼슬을 내렸습니다.

"보잘것없는 천한 신분의 사람에게 벼슬을 내리다니!"

"전하가 무슨 생각으로 저러는 거지?"

신하들은 모이기만 하면 수군거렸습니다. 하지만 세종의 결심은 굳건했습니다.

"천한 신분이라도 능력이 있고, 나라에 공로를 세우면

벼슬을 받을 수 있소이다. 장영실은 바로 내가 찾던 나라의 일꾼이며 이 나라에 꼭 필요한 인재라오."

어느 날 밤이었습니다.

세종은 궁궐을 거닐다가 하늘을 쳐다보고 있는 장영실을 발견했습니다.

"이 깊은 시각에 무엇을 하고 있는가?"

"전하, 하늘의 별자리를 보고 있었습니다. 중국에서 보는 별자리와 우리나라에서 보는 별자리가 다르다고 들었습니다."

"그렇다면 중국과 우리나라의 계절에도 차이가 있다는 말이구나!"

"예, 그렇습니다. 이제는 우리 형편에 맞는 천문 관측이 필요합니다."

"나도 그렇게 생각한다. 그렇다면 그대가 우리 형편에 맞는 천문 관측 기구를 만들어 보도록 하라."

장영실과 이천 등은 밤낮없이 연구를 거듭한 끝에 간의를 만들었습니다. 장영실은 천문 관측 기구인 간의

대를 만들어 놓고 천체의 움직임을 자세히 관찰하기 시작했습니다. 그것을 토대로 정인지, 이천 등과 함께 혼천의라는 천문 시계를 만들어 냈습니다.

"정말 대단하구나. 이것만 보면 하늘의 움직임을 한눈에 알 수 있겠구나."

세종은 이들을 칭찬하며 크게 기뻐했습니다.

"참으로 수고가 많았소. 과학은 우리나라의 힘을 나타내는 것이오. 누구보다 백성들이 기뻐할 것이오."

그뿐이 아니었습니다. 장영실은 우리나라 최초의 물시계인 자격루를 제작했습니다. 그전에도 물시계가 있었지만 사람이 직접 눈금을 보고 북과 징으로 시간을 알려 주었습니다. 그러다 보니 시간을 알리는 때를 놓치는 수도 있었고, 시간을 잘못 읽는 경우도 많았습니다. 장영실이 만든 자격루는 사람의 힘을 빌리지 않고 자동으로 시간을 알려 주어 정교하고 정확했습니다.

이후에도 장영실의 연구는 계속됐습니다. 물시계를 만든 지 얼마 되지 않아 해시계를 만들어 모든 사람들이 볼 수 있도록 종로 거리에 설치해 놓았습니다.

69

"시간을 알고 싶어도 알 수 없었는데 답답하던 마음이 뻥 뚫렸네."
"이제 우리도 계획을 세워 일할 수 있게 됐어."
백성들은 어깨춤을 추며 기뻐하였습니다.
하지만 세종은 이에 만족하지 않았습니다. 세종은 지난 번 홍수 때의 일을 떠올렸습니다. 홍수가 나자 백성들은 발을 동동 굴렀습니다.

"집도 소도 다 떠내려가네. 이를 어쩌면 좋아."
"홍수가 휩쓸고 지나가니 남은 게 하나도 없어."
백성들은 텅 빈 논밭을 보며 통곡을 하였습니다. 이 모습을 보면서 세종은 마음속으로 결심했습니다.

'농사짓는 백성들에게 가장 필요한 것은 빗물의 양을 재는 도구이다. 이것만 만들어 낸다면 홍수 피해를 막을 수도 있을 것이다.'

어느 비 오는 날이었습니다. 세종은 궁궐 뜰에 서 있는 세자를 발견했습니다.

"비가 오는데 거기서 무엇을 하고 있느냐?"

"땅을 파서 젖어 들어간 깊이를 재어 비 오는 양을 알아보고 있습니다. 하지만 생각대로 잘 안 됩니다."

세자의 말에 세종은 속으로 생각했습니다.

'세자는 학문도 뛰어나고 열정과 의지도 대단하다. 또한 백성을 사랑하는 마음도 크다. 그동안 빗물의 양을 재려고 노력하고 있었구나.'

세종은 세자와 장영실을 불러 명을 내렸습니다.

"세자 향을 중심으로 장영실의 감독 아래 빗물의 양을 재는 기구를 만들어 보아라."

장영실은 밤낮을 가리지 않고 연구에 매달렸습니다. 그리고 드디어 좋은 결과를 얻어 냈습니다.

"비의 양을 잴 수 있는 방법을 알아냈습니다."

장영실의 보고에 세종은 자리에서 벌떡 일어났습니다. 나랏일에 지쳐 세종은 자리에 누워 있는 날이 많았습니다.

"정말 잘했구나, 잘했어. 이렇게 하면 어느 곳에 얼마나 비가 내렸는지 금방 알 수 있겠구나. 홍수 피해도 줄일 수 있을 테고. 측우기를 사용해서 각 지방마다 비가 온 후의 상황을 기록하도록 하라."

측우기는 백성들의 농사에 크게 도움을 주었습니다.

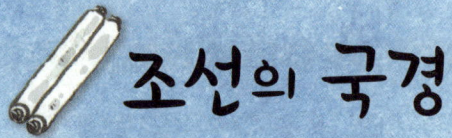
조선의 국경

이 무렵 우리나라 북쪽 지역에서는 여진족이 극성을 부렸습니다.

"뭐라고? 여진족이 또 날뛴다고?"

세종은 보고를 받자마자 자리에서 벌떡 일어섰습니다.

"백성들이 1년 동안 지은 곡식을 순식간에 빼앗아 갔습니다. 말을 타고 달아나는 여진족들을 도저히 당해 낼 수가 없습니다."

1432년에는 여진족이 국경을 침략하여 주민과 군사 수십 명을 죽이고 70여 명의 조선 사람과 소와 말을 가져갔습니다.

평소 세종의 머릿속에는 떠나지 않는 생각이 있었습니다.
'동북쪽의 여진족을 반드시 몰아내야 한다. 그런 다음 사람들을 이주시켜 우리 영토로 만들어야 한다. 특히 두만강 지역은 태조 할아버지의 고향과 같은 곳이다. 그곳을 개척하는 것은 나의 평생 꿈이다.'
마침내 1433년, 세종은 최윤덕에게 1만 5천 명에 이르는 군사를 주고 국경을 넘보는 여진족을 정벌하도록 명령하였습니다. 그리고 토벌군에게는 신신당부를 하였습니다.

"노인이나 아이들은 해치지 말고 장정이라도 항복하면 죽이지 말라. 또한 집을 불태우거나 가축을 함부로 죽이지 말라."

세종의 지시대로 토벌군은 여진족에게 가혹한 짓을 하지 않았습니다. 세종은 여진족에게 식량을 주면서 다시는 국경을 넘어오지 말라고 타일렀습니다.

그러나 여진족이 또다시 국경을 넘어 쳐들어왔습니다. 약속을 어긴 것이었습니다.

화가 난 세종은 김종서 장군과 최윤덕 장군을 불렀습니다.

"나라 밖이 편해야 나라 안도 편한 법이오. 여진족을 어떻게 몰아낼지 좋은 방법을 말해 보시오."

호랑이 장군이라고 불리는 김종서가 자신 있게 말했습니다.

"지금 여진족은 저희들끼리 싸우고 있습니다. 이번 기회에 여진족을 모두 몰아내고 우리 땅을 찾아야 합니다."

최윤덕 장군도 자신 있게 말했습니다.

"그곳은 원래 우리 땅입니다. 조상의 땅을 더 이상 그대로 내줄 수는 없습니다."

두 장군의 이야기를 들은 세종은 흡족한 미소를 지었습니다.

"과연 그대들은 믿을 만한 장군들이오. 두만강은 김종서 장군이 맡고 압록강은 최윤덕 장군이 맡아 주시오."

세종은 김종서를 함길도(지금의 함경도) 관찰사로 임명하면서 털옷과 털모자를 선물로 주었습니다.

"장군, 여진족이 넘보지 못하도록 북방을 잘 지켜 주시오."

그때부터 김종서는 새로 개척한 땅에 백성을 이주시키고 성벽을 쌓았습니다.

1437년 9월, 북쪽의 매서운 추위가 몰아닥치기 직전이었습니다. 세종은 김종서에게 명령을 내렸습니다.

"두만강 유역의 여진족을 내쫓고 우리 영토로 개척하라."

김종서는 군사를 이끌고 두만강 일대로 말을 달렸습니다. 여진족을 몰아내고 두만강 유역에 여섯 개의 진을 개척했습니다.

오랜 꿈을 이룬 세종은 하늘로 올라갈 듯이 기뻤습니다.

"여진족이 다시 침입할 것을 대비하여 이곳에 성을 쌓고 군대를 주둔시키시오. 또 남쪽의 백성들을 옮겨 살게 하시오. 그래서 이곳이 우리 땅임을 온 천하에 알리도록 하시오!"

이렇게 해서 백두산을 중심으로 압록강과 두만강을 경계로 하는 조선의 국경이 정해졌습니다.

세종은 북쪽의 국경뿐만 아니라 남쪽의 백성을 괴롭히는 왜구도 물리쳤습니다.

그러는 사이 세종의 건강은 점점 나빠졌습니다. 나라와 백성을 보살피느라 정작 자신의 몸은 제대로 돌보지 못했기 때문이었습니다.

백성을 위해 만든 훈민정음

둥 둥둥~!

궁궐 밖에 걸어 놓은 신문고 소리가 크게 울렸습니다. 신문고는 억울한 일을 당할 때마다 백성이 직접 북을 쳐서 억울함을 호소하는 기구였습니다.

"그래, 북을 울린 까닭이 무엇이라고 하더냐?"

세종의 물음에 신하가 자세히 보고를 했습니다.

"한 백성이 논 열 마지기 중에 두 마지기를 떼어 팔았답니다. 그런데 나중에 문서를 보니 열 마지기 모두 판 걸로 되어 있었다 하옵니다."

"무엇이라고? 논을 팔 때 문서를 확인해 보지도 않았단 말이냐?"

"보긴 보았지만 알 수 없었던 모양입니다. 그 백성은 까막눈이라 그냥 넘어간 것이지요."

"글을 모른다고 속였다고! 당장 그놈을 잡아들이도록 하여라."

신문고를 통해 백성들의 사정을 들으면서 세종은 가슴이 답답했습니다.

'나라를 다스리면서 생기는 많은 문제가 백성들이 글자를 모르기 때문이구나. 백성을 위한 정치를 하려고 해도 백성들과 뜻이 통하지 않으니 어찌하면 좋단 말인가?'

세종은 몇 날 며칠 고민을 하다 좋은 생각이 떠올랐습니다.

'그래, 글자를 만드는 거다. 우리말은 중국의 한자로는 정확하게 표현할 수 없다. 이제 우리 백성들도 우리말과 생각을 옮겨 적을 수 있는 글자를 가져야 한다.'

어느 날, 세종은 집현전 학사들을 모아 놓고 그동안 가슴속에 품어 왔던 생각을 꺼냈습니다.

"경들도 알다시피 우리말은 중국과 다르오. 중국 글자인 한자를 가지고는 뜻이 통하지 않소. 게다가 우리글이 없으니 억울한 일을 당해도 하소연할 데도 없고. 과인은 이런 사정이 늘 안타까웠다오. 그래서 말인데…."

그러면서 세종은 잠시 말을 멈췄습니다. 신하들은 세종의 다음 말을 기다렸습니다.

세종이 다시 말을 이었습니다.

"오래전부터 생각해 왔던 일인데… 우리글을 만들려고 하오."

세종의 말을 듣고 있던 학사들 사이에서 웅성거리는 소리가 들렸습니다.

"전하, 우리글이라니요? 말도 안 되는 소리이옵니다."

"지금까지 써 왔던 한자는 어떻게 하고요?"

최만리가 앞장서서 반대하자 여기저기서 다른 신하들도 나섰습니다.

"무식한 백성들에게 굳이 글을 익히게 할 필요가 있사옵니까?"

"새 글자를 만드는 일은 중국의 비위를 건드리는 일이옵니다."

그러나 누구도 세종의 뜻을 꺾을 수는 없었습니다.

"우리글을 쓰자는데 언제까지 중국 눈치를 보자는 말이오? 경들은 도대체 어느 나라 사람들이오?"

세종의 목소리가 높아졌습니다. 세종은 잠시 숨을 고르고 차분하게 다시 말을 이었습니다.
"새 글자를 만드는 일이 결코 쉬운 일이 아니라는 것을 나도 아오.

우리가 힘을 모은다면 안 될 일이 어디 있겠소? 그러니 여러분들이 도와주시오."

 이때부터 최항, 박팽년, 신숙주, 정인지 등의 학사들이 머리를 맞대고 우리글을 만드는 작업을 시작했습니다. 학사들뿐 아니라 세종 역시 글자를 만드는 일에 참여하였습니다. 새로운 글자를 만드는 일은 무척 어려운 일이었습니다. 밤을 꼬박 새우는 일도 많았습니다.

세종은 낮에는 나랏일을 돌보고 밤에는 글자를 연구했습니다. 연구에 열중하느라 눈병까지 얻었습니다.

"전하, 그만 쉬십시오. 옥체를 상하실까 염려됩니다."

"백성들이 글자를 몰라 어려움을 당하는데 임금인 내가 어찌 편하게 쉴 수 있겠는가."

어느 누구도 세종의 고집을 꺾을 수 없었습니다.

"명나라에 가면 음운학에 뛰어난 황찬이라는 학자가 있소. 가서 언어학에 관해 지식을 배워 오시오."

세종의 명을 받은 성삼문과 신숙주는 여러 차례 명나라에 다녀왔습니다. 성삼문과 신숙주는 배워 온 것들을 자세하게 세종에게 보고했습니다.

"소리의 기본을 알려면 입술, 혀 등을 잘 살펴야 한다고 하옵니다."
세종은 중국에서 배워 온 언어학을 생각하면서 연구를 시작했습니다.

"소리의 기본이라? 무슨 소리부터 시작해야 할까? 해도 달도 우주도 둥그니까 이것을 '·'이라고 하고, 땅은 평평하니까 'ㅡ'라고 하자. 사람은 서 있으니까 'ㅣ'라고 하면 어떨까?"

세종은 가장 먼저 왕자들과 궁녀들을 불러서 기본 글자를 소리 내어 보게 하였습니다. 그러고 난 후 소리 나는 대로 글자를 만들어 갔습니다.

"입을 이렇게 동그랗게 벌리고 소리를 내 보아라."
왕자와 궁녀들이 세종의 설명에 따라 입을 벌려 소리를 냈습니다.

"아, 어, 오, 우, 이."

"이제 됐구나. 어머니 역할을 하는 모음이 만들어졌으니 이제 아들 역할을 하는 자음을 만들어 보자. 그래! 기역, 니은…."

그렇게 하나둘 글자가 만들어졌습니다. 글자가 만들어지자, 세종은 너무 기쁜 나머지 학사들 앞에서 덩싯덩싯 어깨춤을 추었습니다. 집현전 학사들도 흐뭇한 미소를 지었습니다.

"이렇게 자음과 모음을 합쳐 쓰니까 어떤 소리든지 글자로 나타낼 수 있을 것입니다."

"글자가 쉬워서 백성들도 금방 배울 수 있을 것입니다."

"전하께서 몸을 돌보시지 않고 애쓴 결실이옵니다."

학사들의 말에 세종이 활짝 웃었습니다.

"이 모든 것은 그대들의 노력 덕분이오."

"이제 몸을 돌보셔야 합니다. 눈병이 도질까 염려되옵니다."

그동안 세종은 몰라볼 정도로 몸이 야위었습니다. 하지만 세종은 학사들의 걱정은 아랑곳하지 않았습니다.

"이까짓 눈병은 아무것도 아니지요. 백성들이 글을 깨쳐 눈을 뜰 수 있게 되었으니 이보다 기쁜 일이 어디 있겠소."

1443년, 세종은 새로 만든 스물여덟 자를 '백성을 가르치는 바른 소리'라는 뜻으로 '훈민정음'이라고 이름 지었습니다.

"발표하기 전에 우선 궁궐 안에서 써 보도록 하라. 고칠 점이 있다면 더 연구해서 백성들에게 알리도록 하겠다."

그렇게 해서 1446년 세종은 훈민정음의 탄생을 백성들에게 알렸습니다.

하지만 오랫동안 중국 문화에 길들여진 양반들은 한글의 보급을 못마땅하게 생각했습니다. 그중에서도 집현전 부제학 최만리는 앞장서서 반대했습니다.

"조선은 명나라를 섬기고 한자를 사용하고 있습니다. 한자를 멀리하고 제 나라 글자를 가지는 것은 오랑캐들이 하는 짓입니다."

그러자 세종은 한글을 반대하는 신하들을 불러 모았습니다.

"중국의 글자 한자로는 우리 민족의 말과 생각을 모두 표현할 수 없소. 더군다나 한자는 학자들도 그 뜻을 이해하기 어려운 글자요. 그러니 일반 백성들은 어떻겠소?"

하지만 신하들은 계속 반대를 했습니다.

"전하, 지금껏 백성들이 문자를 모르고 교육을 받지 못해서 비루한 짓거리를 해 온 것이 아닙니다. 사람의 천성은 교육으로 고칠 수 있는 게 아닙니다."

한 신하의 말이 끝나자 세종이 버럭 화를 내며 말했습니다.

"감히 어디서 과인의 백성을

비웃는 게냐? 백성의 천성이 좋아질 수 없다면 너희 신하들은 무엇 때문에 여기 나와 있는 것이냐? 단지 백성 위에서 권세를 누리기 위해서인가?"

세종의 말에 신하들이 깜짝 놀랐습니다. 세종이 이렇게 목소리를 높이며 화를 내는 것을 처음 보았기 때문이었습니다.

그 후에도 세종의 노력은 계속 이어졌습니다.

"관리들을 뽑을 때도 반드시 한글 시험을 같이 보도록 하라."

그러자 한글을 반대했던 관리들도 점차 한글을 배우기 시작했습니다. 궁궐에 있는 여자들과 일반 백성들도 한글을 익혔습니다.

"한글은 한자에 비해 배우기가 쉬워 정말 좋구나!"

"뜻을 정확하게 전할 수도 있어서 참말 좋아요!"

백성들은 한글과 점점 친해지기 시작했습니다.

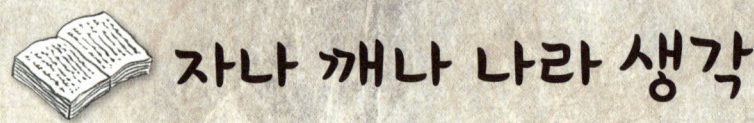 자나 깨나 나라 생각

건강이 점점 나빠지자, 세종은 근심스러운 얼굴로 중얼거렸습니다.

"임금으로서 해야 할 일을 제대로 하지 못할까 봐 걱정이 되는구나."

그러면서 세종은 신하들에게 간곡히 부탁했습니다.

"내가 병이 깊어지면 정신이 어두워져 엉뚱한 판단을 내릴지도 모르니 그때는 솔직하게 의견을 주고 나랏일을 잘 처리해 주시오."

세종은 외교나 군사 문제 등의 큰일을 제외하고는 세자가 나랏일을 대신하도록 했습니다.

"장차 임금이 되어 해야 할 일을 미리 익히고 나랏일을 잘 이끌어 갈 수 있도록 하기 위해서다."

세종의 말에 세자는 눈물을 삼켰습니다. 기운을 추슬러 나랏일을 돌보았지만 점점 병상에 눕는 날이 많아진 아버지 세종을 보니 가슴이 아팠습니다. 그런 중에도 세종은 나랏일을 걱정하고 급한 일을 처리했습니다.

1449년 9월, 세종은 업무를 볼 수 없을 정도로 몸이 나빠졌습니다. 왕자들과 신하들은 세종의 병을 고치기 위해 사방팔방 뛰어다녔습니다. 이름난 의원을 불러 치료하고 전국 곳곳에서 좋다는 약을 구해 왔습니다.

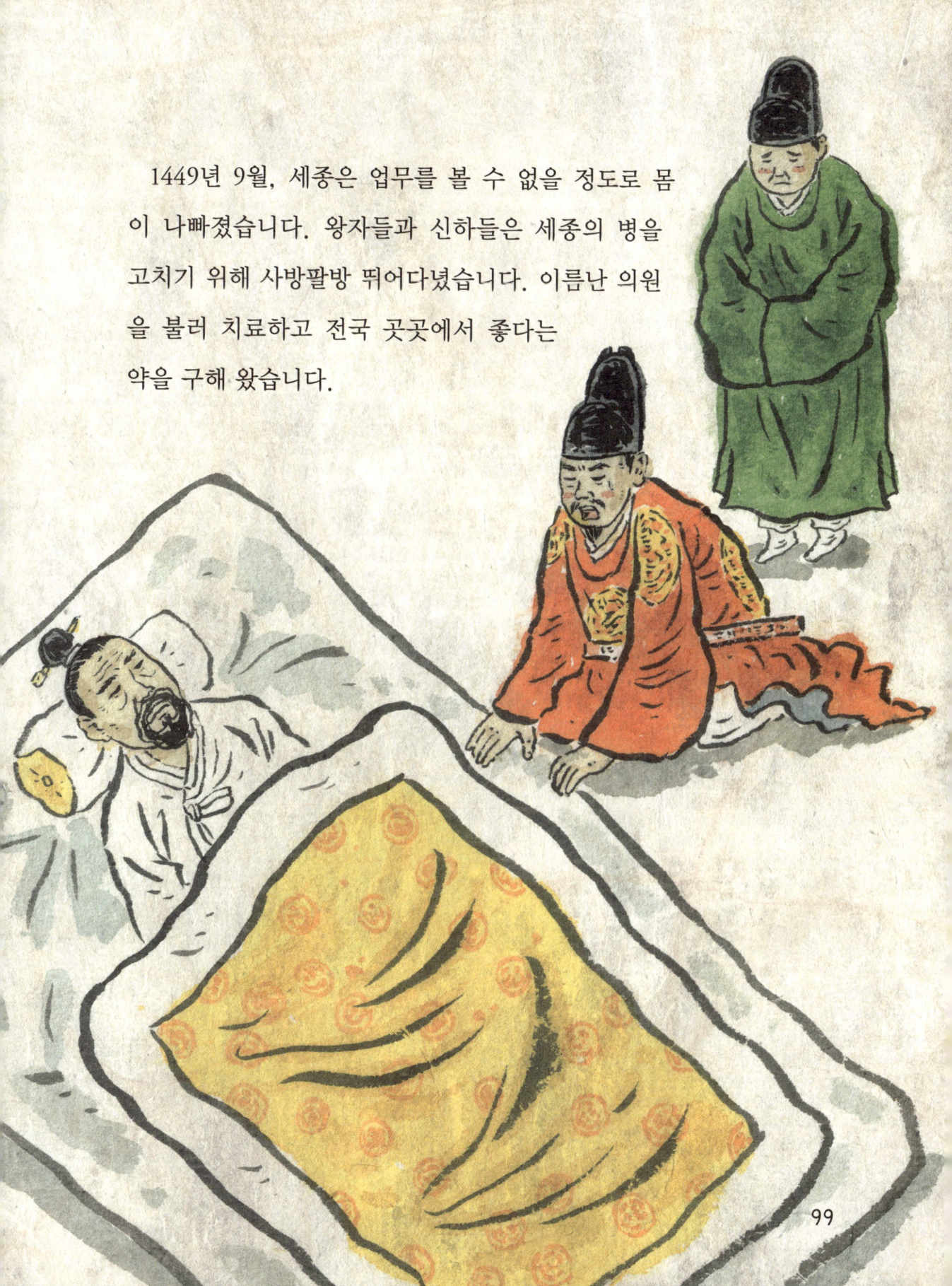

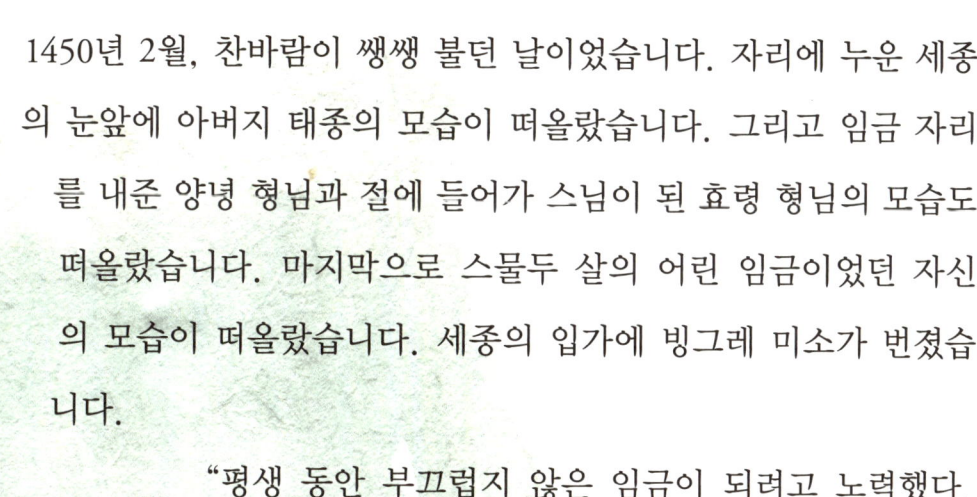

1450년 2월, 찬바람이 쌩쌩 불던 날이었습니다. 자리에 누운 세종의 눈앞에 아버지 태종의 모습이 떠올랐습니다. 그리고 임금 자리를 내준 양녕 형님과 절에 들어가 스님이 된 효령 형님의 모습도 떠올랐습니다. 마지막으로 스물두 살의 어린 임금이었던 자신의 모습이 떠올랐습니다. 세종의 입가에 빙그레 미소가 번졌습니다.

"평생 동안 부끄럽지 않은 임금이 되려고 노력했다. 아직 해야 할 일이 많은데…."

한시도 책을 놓지 않았던 세종의 두 손이 스르르 풀렸습니다. 세종은 끝내 기력을 회복하지 못하고 쉰네 살의 나이로 눈을 감았습니다.

궁금해요! 세종 대왕의 위대한 업적

백성을 사랑한 세종 대왕은 위대한 업적을 많이 남겼어요.
최고의 업적인 한글을 비롯하여 물시계, 해시계, 측우기, 혼천의 등이
세종 대왕의 명에 의해 만들어졌지요. 그중 대표적인 것들을 만나 보아요.

훈민정음

백성들이 한자를 배우기 어려워하는 것을
안타깝게 여긴 세종 대왕이 1443년 '백성을 가르치는
올바른 소리'라는 뜻의 우리글 훈민정음을 만들었어요.
이 책은 1446년 훈민정음을 만든 목적과
글자 내용 등을 담아 만든, 같은 제목의 책이에요.

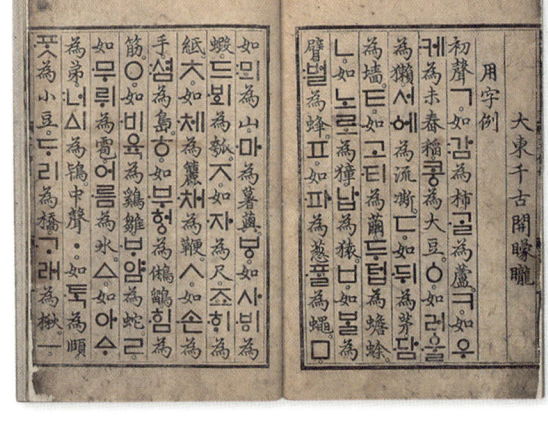

측우기

빗물을 직접 받아서 비가 온 양(강우량)을 재는 기구예요.
비가 오는 양을 측정하고 예측하여 농사를 짓는 데에 도움을 받고자 만들었어요.
1432년에 처음 만들어졌어요.

혼천의

해와 달과 별의 움직임과 위치를
측정하는 기구예요.
중국 혼천의의 구조와 성능을 보고
연구 끝에 1434년 우리만의
혼천의를 만들었지요.

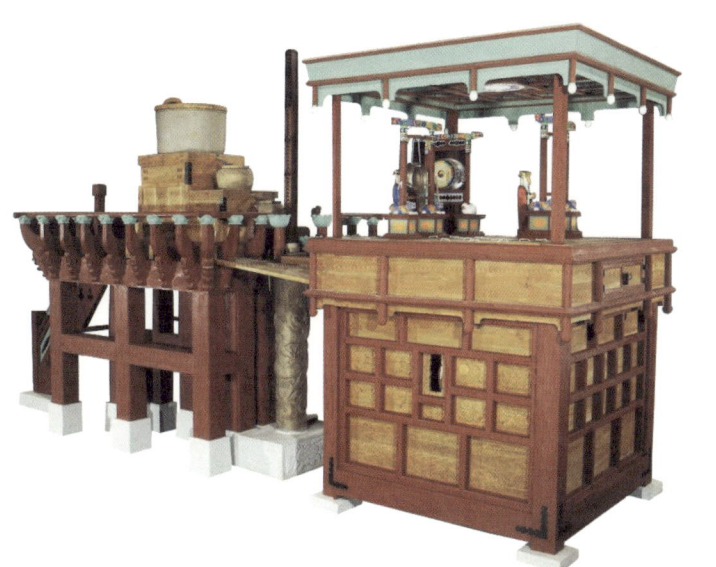

자격루

'스스로 치는 시계'라는 뜻의 물시계예요. 큰 항아리에서 흘러내린 물이 그 다음 항아리들과 큰 기둥 안으로 흘러내리면 쇠구슬이 떨어지면서 인형들을 움직여서 종, 북, 징을 쳐 시간을 알려 주어요.

앙부일구

해의 그림자로 시각을 알려 주는 해시계예요. 구리로 만들어져 있고, 솥 모양으로 생겼어요. 안에는 시각을 알 수 있는 시각선과 절기를 알 수 있는 계절선이 그려져 있어요.

편경

고려 때 우리나라에 들여와 이후 궁중 제례악에 사용된 악기예요. 1425년 세종 7년에 경기도 남양에서 재료인 경돌을 발견하면서 국내에서 제작되었어요.

초등 저학년을 위한 첫 역사책!

안녕? 역사야 (전9권)

〈안녕? 역사야〉 시리즈는

도깨비들이 과거로 날아가 역사의 궁금증을 풀어 주는 재미난 형식의 책입니다.
초등학교 한국사 교과서 내용을 아주 쉽게 알려주는 〈안녕? 한국사〉와
세계를 바라보는 넓은 시야를 갖게 해 주는 〈안녕? 중국사〉 세트로 구성되어 있습니다.
저학년의 눈높이에 맞춘 내용과 그림, 그리고 전문가의 꼼꼼한 감수까지 거친
〈안녕? 역사야〉 시리즈는 진정한 의미의 저학년 첫 역사책입니다.

안녕? 한국사 (전6권)

1권 **선사 시대** 우리 조상이 곰이라고?
2권 **삼국 시대** 최후의 승자는 누구일까?
3권 **고려 시대** 우리나라는 왜 코리아일까?
4권 **조선 시대①** 조선에 에디슨이 살았다고?
5권 **조선 시대②** 조선은 왜 망했을까?
6권 **근현대** 우리는 왜 남북으로 갈라졌을까?

글그림 백명식 | 감수 김동운(전 국사편찬위원회 교육연구관)
각 권 90쪽 내외

안녕? 중국사 (전3권)

1권 **고대** 중국 역사의 시작
2권 **중세** 통일된 중국, 세계에 우뚝 서다
3권 **근현대** 중국에 부는 변화의 바람

글 이한우리, 송민성 | 그림 이용규 | 감수 이근명(한국 외대 사학과 교수)
각 권 80쪽 내외